DEN KOMPLETTA KOOKBOKEN FÖR HANGOVER CURE

100 OTROLIGA RECEPT FÖR DAGEN EFTER EN STOR DRINK

Emilia Abrahamsson

Alla rättigheter förbehållna.

varning

Informationen i den här e-boken är avsedd att fungera som en omfattande samling av strategier som utforskats av författaren till den här e-boken. Sammanfattningar, strategier, tips och tricks är endast författarens rekommendationer, och att läsa den här e-boken garanterar inte att dina resultat kommer att återspegla författarens resultat. Författaren till e-boken har gjort alla rimliga ansträngningar för att tillhandahålla aktuell och korrekt information till e-bokens läsare. Författaren och hans bidragsgivare ska inte hållas ansvariga för eventuella oavsiktliga fel eller utelämnanden som kan hittas. Materialet i e-boken kan innehålla information från tredje part. Tredjepartsmaterial innehåller åsikter som uttrycks av deras ägare.

E-boken är Copyright © 2022 med alla rättigheter förbehållna. Det är olagligt att omdistribuera, kopiera eller skapa härledda verk från denna e-bok helt eller delvis. Ingen del av denna rapport får reproduceras eller vidaredistribueras i någon form utan uttryckligt och undertecknat skriftligt tillstånd från författaren.

INNEHÅLLSFÖRTECKNING

INNEHÅLLSFÖRTECKNING 3
INTRODUKTION 7
FRUKOST 8

1. CITRONKRÄM MED BJÖRNBÄR 9
2. MÜSLI TILL FRUKOST 11
3. RÅ VEGANSK YOGHURT 13
4. RÅBÄRSCHIPS 15
5. BOVETEGURKMEJAGRÖT 18
6. POPPYSEED MANDEL BAR 20
7. FRUKOST ZINGER BARS 22
8. MANGO STRAWBERRY RAW CEREAL 24
9. RÅA KANELBULLAR 26
10. VIT CHOKLAD CHAI 28
11. MJÖLK VARM CHOKLAD 30
12. CHILI VARM CHOKLAD 32
13. AVOKADO OCH ÄGGTOAST 34
14. BACON, ÄGG OCH OSTMUFFIN 37
15. BACON OCH ÄGG FRUKOST GRYTA 39
16. KARIBISK HAVREGRÖT 42

FÖRRÄTTER OCH SNACKS 44

17. SKIVAD GURKA PICKLES 45
18. KANDERAD YAMS 47
19. FYLLDA AVOKADO MED COLESLAW 49
20. RÅ ZUCCHINIRULLAR 51
21. FYLLDA SVAMPAR MED CASHEWPESTO 53
22. AVOKADO CAPRESE SALLAD 55
23. RAW TACO BÅTAR 57
24. ÄPPEL NACHOS 59
25. KAKAO CRUNCH 61
26. CHILIPOPPERS 64

| 27. | Napachips med ost och lök | 66 |
| 28. | Karamelliserade nötter | 69 |

HUVUDRÄTT 71

29.	Rå inpackningar	72
30.	Okokta bollar utan kött	74
31.	Rå morotsnudlar	76
32.	Zucchinipasta	78
33.	Mock salladssmörgås	80
34.	Blomkålsbroccoli 'ris'	82
35.	Zucchininudlar med pumpafrön	84
36.	Veganska vårrullar	86
37.	Svamp marinerad med citron och persilja	88
38.	Linguine Arrabbiata	91
39.	Baksmälla räkor	94
40.	Lammkorvrullar med harissayoghurt	96

SOPPAR 99

41.	Tjeckisk vitlökssoppa	100
42.	Baksmälla soppa	103
43.	Koreansk baksmälla soppa	106
44.	Rödbetssoppa	108
45.	Blandad Dalsoppa	110
46.	Lugnande kupolsoppa	112
47.	Vit pumpa och kokossoppa	114
48.	Hel Mungsoppa	116
49.	Gyllene gurkmeja blomkålssoppa	118
50.	Immunitetssoppa	121
51.	Spenatsoppa	123
52.	Energisoppa	125
53.	Shiitake svampsoppa	127
54.	Röd Peppar Soppa	129
55.	Morot ingefära soppa	131
56.	Svampsoppa	133

SALADER 135

57.	KÅL MED TRANBÄR	136
58.	KRYDDIG GRÖNSAKSSALLAD	138
59.	RÖDBETSSALLAD	140
60.	KÅL OCH GRANATÄPPLE SALLAD	142
61.	MOROT OCH GRANATÄPPLE SALLAD	144
62.	GURKSALLAD	146
63.	BAKSMÄLLA HELPER SALLAD	148
64.	PASTA TOSS	150
65.	LYCKA SALLAD	152
66.	DAIKON RÄDISSALLAD	154
67.	RÅ PUMPASALLAD	156
68.	RÖDKÅL GRAPEFRUKTSALLAD	158
69.	SÖT RÖDKÅLSSALLAD	160
70.	THAI SOM THUM SALLAD	162
71.	KRÄMIG PUMPAFRÖN OCH FÄNKÅLSSALLAD	164
72.	BABYTOMAT, RÖDLÖK OCH FÄNKÅLSSALLAD	166

EFTERRÄTT 168

73.	MJUKA OSTRULLAR	169
74.	MINI MOROTSKAKOR MED APELSIN	171
75.	MINI LIME TÅRTOR	174
76.	MINI KAKAO MOUSSE KAKOR	177
77.	CHOKLADKOLA	180
78.	RÅ CHOKLAD AVOKADOPUDDING	182

SMOOTHIES 185

79.	GRÖN SMOOTHIE	186
80.	ANANAS MINT SMOOTHIE	188
81.	CHERRY COCONUT SMOOTHIE	190
82.	MANGO NÖT YOGHURT SMOOTHIE	192
83.	TROPISK MANDARIN SMOOTHIE	194
84.	PB OCH STRAWBERRY SMOOTHIE	196
85.	MOROT MANGO KOKOS	198
86.	INGEFÄRA PINA COLADA	200
87.	KÖRSBÄRSBLÅBÄRSKÅL	202
88.	HALLON BANAN CHIA	204

89.	Goji, mango och baobab smoothie bowl	206
90.	Yogate utan koffein	208
91.	Kronärtskocka vatten	210
92.	Jungfru Maria	212
93.	Naturligt vitaminvatten	214
94.	Ananas detox tonic i glas	216
95.	Ingefärste	218
96.	Blåbär och spenat Smoothie	220
97.	Grön smoothie med fikon	222
98.	Kiwi frukost	224
99.	Zucchini-, päron- och äppelskål	225
100.	Avokado och bär	228

SLUTSATS 230

INTRODUKTION

Baksmällor händer. Du bara hoppar ut för ett sofistikerat glas vin med dina kollegor. Nästa sak du vet att du är på tredje, den där hemlagade måltiden förvandlas till en flytande middag, och när alarmet går nästa dag vaknar du upprörd och förvirrad.

Oavsett om du är sugen på en grön juice eller känner ett behov av att dumpa huvudet i en hink med våfflor, kommer dessa baksmällarecept att ta dig från noll till (nästan en) hjälte.

Listan börjar med den goda hälsosamma frukosten och går vidare till de sliskiga, feta, ostliknande recepten som får din bakfulla själ att sjunga.

FRUKOST

1. Citronkräm med björnbär

Ger 4 portioner

Ingredienser

- 1 kopp cashewnötter, blötlagda i vatten i 8 timmar, sköljda och tömda
- 1 dl nyhackad kokos
- skal av 3 citroner
- 1 kopp vatten
- 4 dl mogna björnbär

Vägbeskrivning

a) Lägg cashewnötter, kokos, citronsaft, citronskal och vatten i en matberedare och mixa tills det blir krämigt och slätt.

b) Häll lemoncurden i en förslutbar behållare.

c) Ställ ostmassan täckt i kylen tills den ska serveras.

d) Häll kvargen i serveringsskålar och garnera med björnbären.

2. Müsli till frukost

Servering: 1 portion

Ingredienser

- 3/4 kopp råa nötter
- 10 medelstora dadlar, blötlagda och urkärnade
- 1 dl färsk frukt, helst mango, bär eller bananer
- 1 msk riven färsk rå kokos
- nötmjölk, efter smak

Vägbeskrivning

a) Använd en matberedare och bearbeta nötter och dadlar tillsammans tills nötterna är nästan finmalda. .

b) Blanda i en skål med färsk frukt och kokosflingor.

c) Smaka av med nötmjölk.

3. Rå vegansk yoghurt

Portioner: 4

Ingredienser

- 1 kopp macadamianötter eller cashewnötter, blötlagda i 2 timmar
- 1 kopp filtrerat vatten
- 1 msk citronsaft

Vägbeskrivning

a) Lägg nötterna i mixern med hälften av vattnet. Mixa i 20 sekunder och tillsätt det återstående vattnet.

b) Mixa tills en krämig, slät konsistens uppnås.

c) Överför blandningen till en ren glasburk och täck med plastfolie som hålls på plats med ett gummiband. Låt jäsa på en varm plats i 16 till 24 timmar.

d) Ju längre den sitter, desto mer jäsning kommer att ske.

e) Rör i citronsaft, om du använder, och kyl i kylen.

4. Råbärschips

Portioner: 6-8

Ingredienser

- 30 uns blandade bär (jordgubbar, blåbär, hallon)
- 2 koppar råa valnötter eller råa pekannötter
- 1/4 kopp okokt havregryn
- 2 msk lönnsirap
- 1/4 tsk lökpulver

Vägbeskrivning:

a) Blanda de skivade jordgubbarna och andra tvättade bär i en stor skål.

b) Förbered toppingen i en matberedare, mixa alla ingredienser tills de precis blandas.

c) Tillsätt det mesta av bärblandningen i en 1,4-liters gryta och lämna ungefär ett par matskedar. Fördela jämnt.

d) Häll nu det mesta av toppingen över bären, reservera några matskedar.

e) Strö nu över resterande bär och till sist resten av toppingen.

f) Servera omedelbart eller kyl i 1 timme.

5. Bovetegurkmejagröt

Serverar 1

Ingredienser

- 1/2 kopp råa bovetegryn
- 1/3 kopp havre-, mandel- eller sojamjölk
- 1 banan, skalad och hackad
- 1/3 tsk mald gurkmeja
- 1 nypa mald svartpeppar

Vägbeskrivning

a) Tillsätt alla dina ingredienser i din mixerburk eller stavmixerburk och mixa som om det inte finns någon morgondag. En liten matberedare kommer att blanda ihop det, men du kanske inte får det lika smidigt.

b) Servera, toppad med allt du kan önska.

c) Färsk frukt, krispig granola, kakaonibs och rostade nötter är alla läckra.

6. Poppyseed mandel bar

tjänar 1

Ingredienser

- 3 matskedar vallmofrön, malda
- 5-7 dadlar, fint hackade
- ⅓kopp och 1 msk mandelmjölk
- ¼ tesked kanel

Vägbeskrivning

a) Blanda alla ingredienser och låt dem stå i kylen över natten.

b) Ta bort, rör om och njut.

7. Frukost Zinger Bars

För 5-6 portioner

Ingredienser

- 10 urkärnade Medjool-dadlar
- 1/4 kopp gyllene bär
- 1 dl glutenfri havregryn
- skal av en citron

Vägbeskrivning

a) Lägg havren i din matberedare och bearbeta tills havren bryts upp i små bitar.

b) Tillsätt de gyllene bären, dadlarna och citronen och bearbeta tills blandningen är klibbig.

c) När blandningen är klibbig, forma den till barer.

d) Kyl topparna i en vecka. Fördubbla gärna kvantiteten för att göra fler Zinger Bars!

8. Mango Strawberry Raw Cereal

Portioner: 1

Ingredienser

Spannmål

- 1 1/2 kopp fryst mango
- 1 1/2 kopp frysta jordgubbar
- 1/2 kopp spannmålsfri Rawnola

Bananmjölk

- 2 mogna bananer

- 1 kopp vatten

Vägbeskrivning

a) I en matberedare, kombinera den frysta mangon och frysta jordgubbar. Processa till småstenstora bitar. Överarbeta inte, annars får du en god kräm.

b) Häll upp i en skål och ställ i frysen.

c) Blanda bananen och vattnet för att göra bananmjölken. Justera till önskad konsistens med mer/mindre vatten.

d) Ta ut granolan ur frysen, rör ner Rawnola, fyll på med mjölk och njut!

9. Råa kanelbullar

Portioner: 3-5

Ingredienser

- 15 ekologiska dadlar, urkärnade
- 4 stora mogna ekologiska bananer
- 1/2 tsk ekologisk kanel
- Valfritt: vanilj
- Valfritt: Ytterligare kryddor

Vägbeskrivning

a) Skär bananerna vertikalt i 3 bitar.

b) Strö bananerna med kanel och placera dem i en dehydrator vid 115F i 6-8 timmar.

c) Lägg alla dadlar i en snabbmixer med en nypa kanel, valfri vanilj och vatten.

d) När bananerna kan hanteras utan att gå sönder men inte är helt torra, skiva dem och fördela karamellen ovanpå.

e) Rulla bananen med kola runt sig för att bilda en rulle. Toppa bullarna med mer dadelkola om du vill. Strö toppen med kanel.

f) Placera tillbaka i dehydratorn i 6 timmar tills den är genomvärmd.

10. Vit choklad Chai

Ger 4 portioner.

Ingredienser

- 3 1/2 koppar varmt vatten

- 1/2 kopp cashewnötter

- 1/4 kopp mesquitepulver

- 3 teskedar lucumapulver

- 3 tsk xylitol eller sötningsmedel efter eget val

- 2 tsk kakaosmör

- 1 tsk macapulver

- 1/2 tsk Chai masala kryddblandning eller efter smak

Vägbeskrivning

a) Blanda allt på högsta nivå i ca 1 minut.

b) Servera i uppvärmda koppar.

11. Mjölk varm choklad

Ger 3 portioner.

Ingredienser

- 2 1/2 koppar varmt vatten

- 1/4 kopp johannesbrödpulver

- 1/4 kopp lucumapulver

- 1 liten stav kakaosmör

- 2 tsk kokosblomsocker

- 2 tsk cashewnötter eller 2 tsk nötsmör

Vägbeskrivning

a) Mixa allt på hög tills det är varmt och slätt.

b) Servera i uppvärmda koppar.

12. Chili varm choklad

Ger 4 portioner.

Ingredienser

- 3 koppar varmt vatten
- 1 kopp cashewnötter
- 1/2 kopp honung eller sötningsmedel efter eget val
- 1/4 kopp kakaopulver
- 1 liten stav kakaosmör eller kokosolja
- 1 nypa salt
- Chili efter smak

Vägbeskrivning

a) Blanda allt på hög nivå i ca 1 minut och servera i förvärmda koppar.

13. Avokado och äggtoast

Ingredienser

- ¼ avokado kärnade och skalade
- 1 skiva fullkornsbröd eller valfritt bröd
- Havssalt efter smak
- Nyknäckt svartpeppar efter smak
- Friterade ägg
- ½ msk smör
- 1 ägg
- Äggröra
- ½ msk smör
- 2 ägg
- Kokta ägg
- 2 ägg
- Pocherade ägg
- 2 tsk vit vinäger
- 1 ägg

Vägbeskrivning

a) Rosta brödet i en brödrost tills det är gyllene och krispigt, lägg kvarts avokadon över rostat bröd, skiva det och mosa det ovanpå rostat bröd. Toppa med valfria ägg och smaka av med salt och peppar.

b) För stekta ägg: Värm smör i nonstick-panna på medelhög värme tills det är varmt. Bryt ägget i stekpannan och sänk omedelbart värmen till låg. Koka utan lock tills vitorna har stelnat helt och äggulorna tjocknat efter eget tycke, ca 5-7 minuter.

c) För äggröra: Värm smör i nonstick-panna på medelhög värme tills det är varmt. Vispa äggen i en liten skål och häll sedan försiktigt ner i mitten av pannan. När kanterna börjar stelna börjar du försiktigt vika äggen tills äggen är genomstekta, ca 2-3 minuter.

d) För kokta ägg: Lägg äggen i en kastrull. Häll kallt vatten över äggen tills de är helt nedsänkta. Koka upp vattnet, sänk sedan värmen till låg och koka enligt önskad tillagningsgrad: 4 minuter för MJUK kokt; 6 minuter för MEDIUM kokt; 12 minuter för HÅRDkokt. Förbered en skål med isvatten. Överför de kokta äggen till isvattnet för att svalna helt innan de skalas.

e) För pocherade ägg: Koka upp en stor kastrull med vatten. Knäck ett ägg i en liten skål. Rör ner vinäger i vattnet och skapa en virvel med det kokande vattnet. Sänk värmen så att vattnet skapar en böljande koka i botten av grytan. Tillsätt sedan försiktigt ägget i mitten av grytan och koka i 3-4 minuter, enligt önskad form. Ta bort ägget med en hålslev.

14. Bacon, ägg och ostmuffin

Ingredienser

- 5 stora ägg
- 125 g (1/4 lb.) knaperstekt bacon, smulad
- 1 dl riven cheddar, eller någon ost du gillar
- Salt och nyknäckt peppar efter smak
- 1/2 tsk italiensk krydda
- 1/2 tsk krossade chilipepparflingor

Vägbeskrivning

a) För att göra ostliknande baconäggmuffins: Värm ugnen till 400°F (200°C).

b) Smörj en 6-tal muffinsform med olja eller non-stick matlagningsspray. Avsätta. Knäck i ägg i en stor bunke och vispa ihop med salt och svartpeppar.

c) Rör i kokt bacon, cheddarost, italiensk krydda och röda chilipepparflingor (om du använder).

d) Fördela jämnt i muffinsformar fylla varje ca 2/3 full. Toppa med mer bacon och ost om du vill. Grädda äggmuffinsen i förvärmd ugn i 12-15 minuter, eller tills de stelnat.

15. Bacon och ägg frukost gryta

SERVERING 10

Ingredienser

- 1 lb bacon, skuren i 1/2-tums remsor
- 1 gul lök tärnad
- 1 röd paprika frön borttagna och tärnade
- 3 hackade vitlöksklyftor
- 12 stora ägg
- 1 dl mjölk
- 3 koppar fryst tärnad potatis du behöver inte tina eller koka potatisen
- 2 dl riven cheddarost delad
- 1 1/2 tsk salt
- 1/2 tsk svartpeppar
- 2 salladslökar hackade

Vägbeskrivning

a) Värm ugnen till 350°F. Smörj en 9x13 ugnsform med nonstick-spray och ställ åt sidan.

b) Koka bacon i en stor stekpanna på medelvärme, rör om då och då. Koka tills den är fin knaprig brun. Ta bort baconet med en hålslev och lägg på en plåt med hushållspapper. Hacka baconet grovt och ställ åt sidan.

c) Tillsätt löken och röd paprika i stekpannan och koka på medelvärme tills de är mjuka. Tillsätt vitlöken och koka i 2 minuter. Avsätta.

d) Vispa äggen i en stor skål och vispa i mjölken. Rör ner de kokta grönsakerna, potatisen och 1 kopp av den rivna osten. Ställ $\frac{3}{4}$ kopp bacon åt sidan och rör ner resten. Krydda med salt och peppar.

e) Häll blandningen i den förberedda ugnsformen och toppa resterande ost och salladslök. Grädda i 20 minuter så att äggen börjar stelna. Tillsätt försiktigt resten av baconet på toppen av grytan. Grädda i ytterligare 20 till 30 minuter eller tills äggen är fasta och toppen är något gyllenbrun. Låt stå i 10 minuter. Skär i rutor och servera varma.

16. Karibisk havregröt

Ingredienser

- 1 kopp havregryn
- 3 dl vatten, delat
- 1 st kanelstång
- 1/4 kopp russin, sköljda
- 1/2 tsk nyriven muskotnöt
- 2 msk socker, mer efter smak
- 1/4 kopp helmjölk, mer efter smak

Vägbeskrivning

a) Blötlägg havren i 1 dl vatten i 4 minuter.
b) Medan havren blötläggs, låt de återstående 2 kopparna vatten och kanelstången koka upp på medelvärme.
c) När vattnet kokar, tillsätt den blötlagda havren tillsammans med eventuell resterande blötläggningsvätska.
d) Rör ner de sköljda russinen och sänk till låg värme.
e) Täck grytan och koka i 5 till 6 minuter eller tills blandningen blir väldigt tjock.
f) Ta av från värmen och släng kanelstången. Rör ner nyriven muskotnöt, socker och helmjölk.

FÖRRÄTTER OCH SNACKS

17. Skivad gurka pickles

Gör ca 1 kopp

Ingredienser

- 1 kopp gurka, skuren i ¼-tums skivor
- 1 tsk lökpulver
- 2 msk citronsaft

Vägbeskrivning

a) Blanda ingredienserna i en mixerskål. Lägg i en gurkpress under tryck.

b) Eller lägg en tallrik över blandningen i skålen och stapla tunga tallrikar ovanpå.

c) Låt stå i rumstemperatur i ett dygn.

d) Detta håller sig i kylen i flera dagar.

18. Kanderad yams

Serveras 4

Ingredienser:

- 4 yams eller sötpotatis, skalad
- 1 eller 2 matskedar rå honung eller rå agavenektar

Vägbeskrivning

a) I en matberedare utrustad med S-bladet, bearbeta garnet tills det är slätt.

b) Tillsätt sötningsmedlet lite i taget, bearbeta varje gång du tillsätter det och smaka sedan av det tills den sötma du önskar uppnås.

19. Fyllda avokado med coleslaw

Portioner: 4

Ingredienser

- 2 dl strimlad rödkål
- 3/4 kopp riven morot
- 1/2 dl riven rödlök
- saft av 1 lime
- 2 avokado, halverade och kärnade

Vägbeskrivning

a) Blanda både kål, morot och rödlök i en medelstor skål

b) Häll limesaften över kålblandningen och blanda ihop.

c) Skotta försiktigt ett hål i varje avokadohalva. Fyll med coleslaw och njut!

20. Rå zucchinirullar

Portioner: 3

Ingredienser

- 1 medelstor zucchini
- 150 g cashew färskost
- 2 msk citronsaft
- 5 färska basilikablad
- Handfull valnötter

Vägbeskrivning

a) Blanda cashewost med citronsaft och nyhackad basilika i en skål.

b) Tillsätt en näve hackade nötter.

c) Använd en potatisskalare och skär långa strimlor ur zucchinin

d) Lägg ca 1 tsk ostblandning på varje remsa.

e) Rulla zucchiniremsorna över ostblandningen och garnera med färsk basilika.

21. Fyllda svampar med cashewpesto

Portioner 12 svampar

Ingredienser

- 10 uns. Hela cremini-svampar, centrala stjälkar borttagna
- 15-20 stora basilikablad
- Saft och skal av 1 citron
- 2/3 kopp råa cashewnötter
- Svartpeppar efter smak

Vägbeskrivning

a) I en matberedare eller mixer, kombinera basilika, citronsaft och cashewnötter.

b) Krydda med peppar och mixa matberedare tills det är grovt hackat.

c) Mixa tills peston är slät och krämig, ca 30 sekunder.

d) Lägg svamplocken med den öppna sidan upp på ett serveringsfat. Lägg peston i svamplocken.

e) Toppa med citronskal och garnera med en hel cashewnöt.

22. Avokado Caprese sallad

Portioner: 6 portioner

Ingredienser

- 4 medelstora heirloom-tomater
- 3 medelstora avokado
- 1 stort knippe färsk basilika
- 1 citron saftad

Vägbeskrivning

a) Skär avokadon runt ekvatorn och ta bort stenen. Skär i ringar och ta sedan bort skalet.

b) Kasta avokadoskivorna lätt i citronsaft.

c) Skiva tomater.

d) Varva tomatskivorna, avokadoskivorna och basilikabladen. Njut av!

23. Raw Taco båtar

portioner 4

Ingredienser

- 1 huvud romainesallat
- 1/2 kopp rå rödbethummus
- 1 dl halverade körsbärstomater
- 3/4 kopp tunt skivad rödkål
- 1 medelmogen avokado (tärnad)

Vägbeskrivning

a) Lägg upp salladsbåtar på ett serveringsfat och fyll med 1-2 matskedar (15-30g) hummus.

b) Toppa sedan med tomater, vitkål och avokado.

24. Äppel nachos

Utbyte: 1

Ingredienser

- 2 valfria äpplen
- ⅓ kopp naturligt nötsmör
- en liten näve riven kokos
- Strö över kanel
- 1 msk citronsaft

Vägbeskrivning

a) Äpplen: Tvätta, kärna ur och skär dina äpplen i $\frac{1}{4}$-tums skivor.

b) Lägg äppelskivorna i en liten skål med citronsaften och rör om.

c) Nötsmör: Värm ditt nötsmör tills det är varmt och lite rinnigt.

d) Ringla nötsmöret i en cirkulär rörelse från mitten av plåten till ytterkanten.

e) Strö över kokosflingor och strö över kanel.

25. Kakao Crunch

Ingredienser:

- 3 koppar bovete, aktiverat och torkat
- 1 kopp kakaonibs
- 1 dl russin
- 1 kopp kakaopasta (240 g fast massa)
- 2 koppar kakaosmör (480 g fast smör)
- 1/2 kopp lucumapulver
- 1 dl kokossocker
- 1/2 tsk salt

Vägbeskrivning

a) Placera bovete, nibs och russin i frysen innan du börjar smälta kakaon.

b) Smält kakaosmöret och kakaomassan tillsammans i en dubbelpanna eller en dubbelpanna med varmt vatten.

c) Tillsätt lucuma, kokossocker och salt och rör om försiktigt tills det är väl blandat.

d) Ta av värmen.

e) Blanda i det svala bovetet, russin och nibs.

f) rör om konstant.

g) När allt svalnar kommer hela blandningen att börja tjockna.

h) Vid det här laget, arbeta mycket snabbt med händerna, smula ner den belagda blandningen i vilka brickor du vill (vi använder våra solida arktorkbrickor). Granolan kommer nu att ställas in på rumstemperatur, men du kan kyla den i kylen eller frysen i cirka 15 minuter för att påskynda processen.

i) Förvara i en lufttät behållare på en sval, mörk plats, kanske i kylen på sommaren.

j) Fyller en 3-liters burk.

26. Chilipoppers

Ger 12 poppers.

Ingredienser

- 12 färska jalapeno chili
- 1/2 kopp krämig nötost
- 1/3 kopp gyllene linfrön, malda
- 1/3 kopp vatten

Vägbeskrivning

a) Skär sidan av chilin.

b) Skopa ur fröna med en liten sked.

c) Använd en spritspåse och pressa ner den krämiga osten i varje chili.

d) Blanda linfröna och vattnet högt i cirka 45 sekunder för att bilda en slät smet.

e) Doppa varje chili i smeten. Tillsätt mer vatten i degen om den blir för tjock.

f) Torka i 24 timmar eller tills den är knaprig.

27. Napachips med ost och lök

Gör ca 5 skålar.

Ingredienser

- 750 g kinakål, riven
- 2 dl cashewnötter
- 1 kopp vatten
- 1/4 kopp näringsjäst
- 1/4 kopp lök
- 2 tsk citronsaft
- 2 tsk varmt senapspulver
- 1 tsk vitlök, hackad - valfritt
- 1/2 tsk vitpeppar - valfritt
- grovt salt att mala på slutet

Vägbeskrivning

a) Blanda alla ingredienser, utom kål och salt, på hög hastighet tills det är slätt, cirka 1 minut.

b) Lägg till kinakålen och massera in.

c) Lägg på fasta torktumlare och mal grovt salt över dem.

d) Torka i 12 timmar och lossa från de fasta plattorna.

e) Torka på plåtarna i ytterligare 24-48 timmar eller tills de är mycket knapriga.

f) Förvara i en lufttät behållare på en sval, mörk plats.

28. Karamelliserade nötter

Ger 4 koppar.

Ingredienser

- 3 koppar blandade nötter och frön - mandlar, hasselnötter, pumpa och solros
- 1 dl russin
- 1/2 kopp vatten
- 1/2 tsk kanel
- 1 tsk sesam
- 1 nypa salt

Vägbeskrivning

- Lägg alla nötter och frön i en skål och ställ åt sidan.

a) Mixa allt annat tills det är slätt.

b) Häll blandningen över frön och nötter och blanda väl. Se till att allt är väl täckt.

c) Bred ut på fasta kökshanddukar.

d) Strö sesamfrön ovanpå och lägg dem i dehydratorn i cirka 24 timmar.

e) Lossa från de fasta plattorna och torka i ytterligare 16-24 timmar.

HUVUDRÄTT

29. Rå inpackningar

3 portioner

Ingredienser

- 3 spenatwraps
- 1 avokado
- saft av 1 citron
- 1 stor kålrot
- 1 stor zucchini

Vägbeskrivning

a) Skiva rödbetor och zucchini tunt på mandolin, rivjärn eller spiralizer. Lägg åtsidan.

b) Mosa avokadoköttet med citronsaften tills du får en ganska slät blandning. Bred ut detta över alla dina wraps.

c) Lägg sedan i de tunt skivade grönsakerna och varva tätt men försiktigt.

d) Låt vila i 5 minuter, skär sedan på mitten med en vass kniv och njut!

30. Okokta bollar utan kött

Ingredienser

- 1 kopp råa solrosfrön
- ½ kopp + 1 msk rått mandelsmör
- 4 soltorkade tomater, blötlagda
- 3 msk färsk basilika, hackad
- 1 tsk nötolja

Vägbeskrivning

a) Blanda alla ingredienser i matberedaren och mixa tills blandningen får en grov konsistens.

b) Häll upp blandningen i rikliga teskedar och forma varje boll.

c) Denna blandning kan serveras som bollar över råa zucchininudlar.

31. Rå morotsnudlar

Portioner: 6

Ingredienser:

- 5 stora morötter, skalade och spiraliserade
- 1/3 kopp cashewnötter
- 2 msk färsk koriander, hackad
- 1/3 kopp ingefära-lime jordnötssås eller någon råsås

Vägbeskrivning

a) Lägg alla morotsnudlar i en stor serveringsskål.

b) Häll ingefära-lime-jordnötsåsen över nudlarna och rör om försiktigt

c) Servera med cashewnötter och nyhackad koriander.

32. Zucchinipasta

Ingredienser:

- 1 zucchini
- 1 kopp tomater
- 1/2 dl soltorkade tomater
- 1,5 Medjool dadlar

Vägbeskrivning

a) Använd en spiralizer eller julienneskalare och skär zucchinin i nudelformer.

b) Puré och mixa resterande ingredienser i en snabbmixer.

33. Mock salladssmörgås

Ger 4 portioner

Ingredienser:

- 1 portion aiolimajonnäs
- 3 dl morotspasta
- 1 dl hackad selleri
- $\frac{1}{4}$ kopp hackad gul lök
- 2 skivor bröd

Vägbeskrivning

a) Kombinera aioli-majonnäs, morotsmassa, selleri och lök i en blandningsskål. Blanda väl.

b) Montera dina smörgåsar genom att ösa en fjärdedel av blandningen mellan två brödskivor.

c) Garnera med tomatskivor och isbergssallad. Upprepa för att förbereda de återstående smörgåsarna.

d) De sammansatta smörgåsarna håller sig i några timmar. Mock tonfisksallad håller sig i 2 dagar om den förvaras separat

34. Blomkålsbroccoli 'ris'

Portioner: 2-3 portioner

Ingredienser

- 1 blomkålshuvud
- 2 dl broccoli, hackad
- 3 salladslökar
- $\frac{3}{4}$ kopp paprika, hackad
- $\frac{1}{4}$ kopp edamame

Vägbeskrivning

a) Dela blomkålen i buketter och skölj väl.

b) Skär buketter i mindre bitar och lägg några nävar åt gången i matberedaren.

c) Pulsera i ca 5-10 sekunder, om du använder en mixer, tryck ner blomkålen med en mortelstöt.

d) Lägg blomkålsblandningen i en skål och rör ner resten av ingredienserna.

e) Låt vila i minst 30 minuter, rör om då och då.

35. Zucchininudlar med pumpafrön

1-2 portioner

Ingredienser

- 2 små zucchini
- 1/4 kopp råa pumpafrön
- 2 msk näringsjäst
- 1/4 dl basilikablad/andra färska örter
- Så mycket nötmjölk eller vatten som behövs

Vägbeskrivning

a) För nudlarna, skiva zucchinin på en mandolin eller spiralizer. Ställ åt sidan i en stor skål.

b) För såsen puréer du alla ingredienser tills den är slät (tillsätt långsamt vattnet eller nötmjölken).

c) Massera in såsen i pastan tills den är jämnt täckt.

d) Låt dem sitta i en minut så de mjuknar och marinerar.

36. Veganska vårrullar

Portioner 4 portioner

Ingredienser

- 6 rispappershylsor
- Skär 1 morot i julienne
- Skär 1/2 medelstor gurka i julienne
- 1 röd paprika i julien
- 100 gram eller 1 kopp rödkål, skivad

Vägbeskrivning

a) Börja med att blötlägga rispappret enligt anvisningarna på förpackningen.

b) Förbered alla grönsaker innan du sätter ihop bullarna.

c) Lägg din första förpackning på en skärbräda och lägg en liten del av dina grönsaksskivor mycket stadigt ovanpå

d) Rulla hårt, precis som en burrito, och vik sidorna på rispappersrullen på mitten.

e) Halvera varje rulle och servera.

37. Svamp marinerad med citron och persilja

Serverar 2

Ingredienser

- 6 c. vita svampar
- ½ av 1 söt vit lök
- ½ c. hackad persilja
- ¼ c. citron juice
- ¼ c. nötolja

Vägbeskrivning

a) Blanda alla ingredienser till marinaden i en liten skål.

b) Hacka varje svamp ca ¼ tum tjock och lägg den i en stor skål.

c) Häll marinaden över ingredienserna och blanda tills den är ordentligt täckt.

d) Töm svampen i en 1-liters Ziploc fryspåse och krama ut så mycket luft som möjligt.

e) Kyl svampen i minst 4 timmar. Ungefär en gång i timmen, ta bort påsen och vänd på den för att röra om ingredienserna lite.

f) När det har gått tillräckligt med tid, ta ut dem ur kylen, servera och njut.

38. Linguine Arrabbiata

Ger 4 portioner.

Ingredienser

Till såsen:

- 1 kopp babytomater
- 1 dl soltorkade tomater, blötlagda
- 1 dl rödlök, hackad
- 1/4 kopp dadlar, blötlagda
- 1/2 kopp olivolja
- 1 tsk miso
- 1 tesked salt
- Chili efter smak

För grönsakerna:

- 4 koppar blandade hårda grönsaker, som babysquash eller zucchini, sötpotatis och butternut

Vägbeskrivning

Sås:

a) Mixa allt på hög nivå i cirka 30 sekunder i en snabbmixer eller 60 sekunder i en vanlig mixer tills det är slätt.

b) Fryser bra eller håller i kylen några dagar.

Grönsaker:

a) Spiralisera grönsakerna till linguine, eller använd en grönsaksskalare för att göra band av fettuccine.

b) Blötlägg linguin i varmt vatten för att bli genomvärmd.

c) Häll arrabbiatasåsen i en kastrull och värm försiktigt under konstant omrörning.

d) Häll av grönsakerna och blanda med såsen.

39. Baksmälla räkor

Utbyte: 1 portioner

Ingrediens

- 32 uns V-8 juice
- 1 burk öl
- 3 Jalapeñopeppar (eller habaneros)
- 1 stor lök; hackad
- 1 tsk salt
- 2 vitlöksklyftor; hackad
- 3 pund räkor; skalade och deveinerade

Vägbeskrivning

a) Lägg alla ingredienser, utom räkor, i en stor kastrull och låt koka upp.
b) Tillsätt räkor och ta bort från värmen. Låt stå ca 20 minuter. Häll av och kyl räkorna.
c) Formaterad och sprängd av Carriej999@...

40. Lammkorvrullar med harissayoghurt

Ingredienser

- 2 msk extra virgin olivolja
- 1 vit lök, finhackad
- 3 vitlöksklyftor, krossade
- 1 msk finhackad rosmarin
- 1 tsk spiskummin, krossade, plus extra
- 500 g lammfärs
- 3 ark fryst smördeg, tinat
- 1 ägg, lätt uppvispat
- 250 g tjock yoghurt i grekisk stil
- 1/4 kopp (75 g) harissa eller tomatchutney
- Micro mynta att servera (valfritt)

Vägbeskrivning

a) Värm ugnen till 200C. Hetta upp olja i en stekpanna på medelvärme. Tillsätt lök och koka i 3-4 minuter tills den mjuknat. Tillsätt vitlök, rosmarin och spiskummin och koka 1-2 minuter tills det doftar. Ta av från värmen, kyl i 10 minuter och kombinera sedan med färs.

b) Dela blandningen mellan bakverk, lägg den längs ena kanten för att bilda en stock. Rulla för att omsluta, borsta de sista 3 cm av degen överlappning med äggtvätt. Förslut och putsa bakverk.

c) Lägg på en plåt klädd med bakplåtspapper, sy ihop med sidan nedåt och frys i 10 minuter. Detta kommer att göra dem lättare att skiva.

d) Skär varje rulle i 4 och låt stå på plåten. Pensla med äggtvätt och strö över extra spiskummin. Grädda i 30 minuter eller tills degen är gyllene och rullarna genomstekta.
e) Snurra harissa genom yoghurten och servera med korvrullarna, strödda med mynta.

SOPPAR

41. Tjeckisk vitlökssoppa

Portioner: 4

Ingredienser

- ½ msk osaltat smör
- 6 till 8 vitlöksklyftor, krossade (du kan använda ännu fler, om du vill!)
- 6 dl kyckling-, nöt- eller grönsaksbuljong eller buljong
- Kosher salt och nymalen svartpeppar
- 1 pund (cirka 2 medelstora till stora) vaxartade potatisar (vita, gula eller röda – inte rosor), skalade och tärnade
- 1 tsk torkad mejram
- 1 tsk kumminfrön
- 1 stort ägg, vispat (valfritt)
- 3 uns (3 till 4 skivor) rågbröd, i tärningar
- 1 tsk olivolja eller olivolja spray
- 4 uns tärnad ost, Emmental, Gruyere eller Camembert – skalet borttaget (valfritt)
- 2 msk finhackad persilja

Vägbeskrivning

a) Smält smöret i en medelstor kastrull på medelvärme och tillsätt vitlöken.
b) Koka tills det är mjukt och aromatiskt, cirka 4 till 5 minuter. Tillsätt buljongen och låt koka upp på hög värme.
c) När det kokar, smaka av med salt och peppar, tillsätt sedan tärnad potatis, mejram och kummin. Sänk värmen

och låt sjuda under lock i 15 till 20 minuter tills potatisen är mjuk. Justera krydda efter behov.

d) Om du lägger till ett ägg, häll i det långsamt medan du blandar soppan för att skapa band av kokt ägg.
e) Värm under tiden en ugn eller brödrost till 350°F. Lägg det tärnade rågbrödet i en liten plåt och ringla antingen över olivolja eller spraya med olivolja spray och rör om med händerna för att täcka.
f) Rosta i cirka 10 till 15 minuter, rör om då och då, tills de är gyllenbruna och krispiga.
g) Servera soppan toppad med krutonger och persilja och rör om så önskas i lite ost.

42. Baksmälla soppa

Utbyte: 6 portioner

Ingrediens

- ½ pund polsk korv; tunt skiva
- 2 skivor bacon
- 1 lök; hackad
- 1 grön paprika; hackad
- 4 dl nötbuljong
- 1 burk 16-ounce surkål; sköljd;
- 1 kopp skivad färsk svamp
- 2 stjälkar selleri; skivad
- 2 tomater; hackad
- 2 tsk paprika
- 1 tsk kumminfrö
- ½ kopp gräddfil
- 2 matskedar Mjöl

Vägbeskrivning

a) I holländsk ugn; koka korv och bacon tills korven är brun och baconet är knaprig. Ta bort korv och bacon och låt rinna av; reservdropp. Smula bacon. Till droppar tillsätt lök och grönpeppar; koka tills de är mjuka men inte bruna. Häll av fett. Rör ner kokt korv och bacon, nötbuljong, surkål, champinjoner, selleri, tomater, paprika och kummin. Koka upp; Sänk värmen.

b) Täck och låt sjuda i 45 minuter. Blanda under tiden gräddfil och mjöl.
c) Rör gradvis ca 1 kopp av den varma soppan i gräddfilsblandningen.
d) Återställ allt till holländsk ugn. Koka och rör om tills det tjocknat och bubbligt.
e) Koka och rör om 1 minut till.

43. Koreansk baksmälla soppa

Ingredienser

- 1 kg nötköttsben
- Vatten

Vägbeskrivning

a) Blötlägg nötköttsbenen kallt vatten i minst 1 timme för att dra ut blodet. Skölj benen i kallt vatten.

b) Lägg benen i en stor kastrull fylld med kokande vatten. Koka i 5-10 minuter. Töm sedan ur vattnet för att bli av med överflödigt fett och föroreningar.

c) Tillsätt rent vatten igen till benen. Sjud i minst ett dygn, tills du får en mjölkig och tjock buljong.

d) Kyl buljongen i flera timmar. Du kan se fett flyter till toppen och blir härdad. Ta bort det fasta fettet från toppen.

44. Rödbetssoppa

Ingredienser

- 1 stor rödbeta
- 1 kopp vatten
- 2 nypor spiskumminpulver
- 2 nypor peppar
- 1 nypa kanel
- 4 nypor salt
- Pressa citron
- ½ matsked ghee

Vägbeskrivning
a) Koka rödbetan och skala sedan.
b) Blanda med vattnet och filtrera om så önskas.
c) Koka upp blandningen och tillsätt sedan resten av ingredienserna och servera.

45. Blandad Dalsoppa

Ingredienser

- 1/2 kopp dal
- 1½ dl vatten
- ½ matsked gurkmeja
- 1 matsked olja
- ½ matsked senapsfrön
- ½ matsked spiskummin
- 5-6 curryblad
- ½ matsked ingefära – riven
- ½ matsked korianderpulver
- Nyp asafetida
- Färsk riven kokos – valfritt
- Salt och jaggery/brinsocker efter smak
- Färsk koriander

Vägbeskrivning

a) Häll vatten och dal i en stor kastrull eller tryckkokare och tillsätt gurkmeja. Koka upp och låt koka tills den är mjuk.
a) Värm oljan i en separat panna, tillsätt senapsfrön, sedan spiskummin, curryblad, ingefära, korianderpulver och asafoetida.
b) Tillsätt kokos, salt och jaggery efter smak.
c) Garnera med färsk koriander och kokos.

46. Lugnande kupolsoppa

Ingredienser

- 1 msk extra virgin olivolja
- 1 gul lök, tärnad
- 2 vitlöksklyftor, hackade
- 2 (9-ounce) påsar babyspenat
- 1 näve färsk mynta, grovt hackad
- 2 skivor ingefära, ungefär lika stor som en fjärdedel, skalade (valfritt)
- 1 dl kycklingfond (använd grönsaksfond eller vatten för att göra denna vegetarisk)
- 2 nypor salt

Vägbeskrivning

a) Hetta upp oljan i en kastrull på medelvärme. Tillsätt lök och vitlök och koka tills löken är genomskinlig. Var noga med att inte bränna vitlöken. Tillsätt spenat, mynta och ingefära, om du använder.
b) När spenaten börjar vissna, tillsätt fond eller vatten och salt. När spenaten är helt genomstekt, ta bort från värmen.
c) Mixa med en stavmixer, eller lägg i en mixer i omgångar, och puré tills det är slätt.

47. Vit pumpa och kokossoppa

Ingredienser
- 1 medelstor vit pumpa
- kummin frön
- currylöv
- Färska korianderblad
- Salt och socker efter smak
- Kokos efter smak

Vägbeskrivning
a) Koka kalebassen och blanda sedan till en vätska.
b) Blanda kalebassmassan och vattnet (räddat från kokning) till önskad tjocklek.
c) Tillsätt spiskummin och curryblad.
d) Tillsätt socker och salt efter smak. Koka upp.
e) Garnera med färska korianderblad och kokos.

48. Hel Mungsoppa

Ingredienser
- ½ kopp mungbönor, hela
- 1 kopp vatten
- ¼ matsked spiskumminpulver
- 4-6 droppar citron
- ½ matsked vegetabilisk olja/ghee – valfritt
- Salt att smaka

Vägbeskrivning
a) Blötlägg mungbönorna över natten eller i 10 timmar.
b) Koka mungbönorna i vattnet eller i en tryckkokare (2 visselpipor) tills de är mjuka.
c) Blanda mungbönor och vatten tills det är slätt. Koka upp.
d) Tillsätt citron, spiskummin, ghee och salt.

49. Gyllene gurkmeja blomkålssoppa

Ingredienser

- 6 råa koppar blomkålsbuketter
- 3 vitlöksklyftor, hackade
- 2 msk plus 1 msk druvkärna-, kokos- eller avokadoolja, uppdelad
- 1 msk gurkmeja
- 1 msk mald spiskummin
- $\frac{1}{8}$ Matsked krossade rödpepparflingor
- 1 medelstor gul lök eller fänkålslök, hackad
- 3 dl grönsaksbuljong
- $\frac{1}{4}$ kopp fullfet kokosmjölk, skakad, att servera

Vägbeskrivning

a) Värm ugnen till 450°. I en stor skål, släng blomkål och vitlök med 2 matskedar olja tills det är väl täckt.

b) Tillsätt gurkmeja, spiskummin och rödpepparflingor och rör om så att det blir jämnt. Fördela blomkålen på ett bakplåtspapper i ett enda lager och grädda tills den fått färg och mjuk, 25-30 minuter.

c) Under tiden, i en stor gryta eller holländsk ugn, värm återstående 1 matsked olja över medelvärme. Tillsätt lök och koka i 2-3 minuter tills den är genomskinlig.

d) När blomkålen är klar, ta ut den ur ugnen. Reservera 1 kopp till toppen soppa. Ta resterande blomkål och lägg i en medelstor kastrull med lök och häll i grönsaksbuljong. Koka upp, täck sedan över och koka på låg värme, 15 minuter.

e) Mixa soppan till en slät puré med en stavmixer, eller låt den svalna och puré i omgångar med en vanlig mixer.
f) Servera toppad med reserverad rostad blomkål och en klick kokosmjölk.

50. Immunitetssoppa

Avkastning tjänar 8

Ingredienser
- 2 matskedar olivolja
- 1 1/2 dl hackad lök
- 3 stjälkar selleri, tunt skivade
- 2 stora morötter, tunt skivade
- 1-pund färdigskivade D-vitaminförstärkta svampar
- 10 medelstora vitlöksklyftor, hackade
- 8 dl osaltad kycklingfond
- 4 timjankvistar
- 2 lagerblad 1 (15-oz.) burk osaltade kikärter, avrunna
- 2 pund skinnfria kycklingbröst med ben
- 1 1/2 tsk kosher salt
- 1/2 tsk krossad röd paprika
- 12 uns lockig grönkål, stjälkarna borttagna, bladen trasiga

Vägbeskrivning
a) Värm olja i en stor holländsk ugn på medelvärme
b) Tillsätt lök, selleri och morötter; koka, rör om då och då, 5 minuter. Tillsätt svamp och vitlök; koka, rör om ofta, 3 minuter. Rör i lager, timjan, lagerblad och kikärter; koka upp. Tillsätt kyckling, salt och röd peppar; täck och låt sjuda tills kycklingen är klar, ca 25 minuter.
c) Ta bort kycklingen från den holländska ugnen; svalna något. Strimla kött med 2 gafflar; kassera ben. Rör ner kyckling och grönkål i soppan; täck och låt sjuda tills grönkålen precis är mjuk, ca 5 minuter. Kassera timjankvistar och lagerblad.

51. Spenatsoppa

Serverar 2

- 4 tum (10 cm) gurka
- 2 avokado
- 3 ½ uns (100 g) babyspenat
- 10-13 fluid ounces (300-400 ml) vatten
- 2 msk persilja, hackad
- ½ knippe färsk basilika
- 2 msk gräslök, hackad
- ½ msk limejuice en nypa salt

Vägbeskrivning

a) Skär upp gurka och avokado i stora bitar.
b) I en mixer eller matberedare blanda spenat och vatten, börja med 10 fluid ounces (300 ml) vatten.
c) Tillsätt resterande ingredienser och blanda igen. Tillsätt mer vatten lite i taget för att få rätt konsistens, och smaka av om det behöver mer lime eller salt.

52. Energisoppa

1 portion

Ingredienser:

- 1 stjälkselleri
- 1 äpple
- ½ gurka
- 1 ½ uns (40 g) spenat ½ kopp (100 ml) alfalfa groddar matskedar citronsaft
- ½ -2 koppar (300-500 ml) vatten
- ½ avokado
- örtsalt efter smak

Vägbeskrivning

a) Skär selleri, äpple och gurka i bitar.
b) Blanda alla ingredienser utom avokadon, börja med 1½ kopp (300 ml) vatten. Tillsätt avokadon och blanda igen.
c) Tillsätt mer vatten om det behövs och smaksätt med örtsalt.

53. Shiitake svampsoppa

Ger 6 portioner

Ingredienser

- 6 dl torkad shiitakesvamp
- 10 koppar vatten
- 2 matskedar Nama shoyu
- 1 msk färsk hackad gräslök

Vägbeskrivning

a) Lägg svamp och vatten i en stor behållare, täck över och ställ i kylen i cirka 8 timmar.

b) När det är klart, häll av svampvattnet i en annan skål eller behållare.

c) Rör ner nama shoyu i svampbuljongen.

d) Ta bort och släng stjälkarna från svampen och hacka locken.

e) Tillsätt den hackade svampen i buljongen och toppa med den hackade gräslöken.

54. Röd Peppar Soppa

Ger 4 portioner

Ingredienser

- 16 röda paprikor, urkärnade
- 2 mogna avokado, mosade
- 2 matskedar ren lönnsirap
- 1 tsk finriven pepparrot
- Lökpulver efter smak

Vägbeskrivning

a) Pressa röd paprika och ta bort fruktköttet.

b) Mät upp 6-7 koppar pepparjuice i en stor skål.

c) Rör ner avokadon, lönnsirap och pepparrot i saften tills det är väl blandat.

d) Krydda med lökpulvret.

55. Morot ingefära soppa

3 portioner

Ingredienser:

- 1½ dl morötter, fint hackade
- 1 msk opastöriserad vit miso
- 1 tsk färsk ingefära, finhackad
- 1 vitlöksklyfta
- 2 koppar rent vatten

Vägbeskrivning

a) Blanda alla ingredienser utom ¾ kopp morötter.

b) Häll de blandade ingredienserna över morötterna och servera.

c) Detta är bra för att bygga lungstyrka.

56. Svampsoppa

Ingredienser:

- 3 koppar Portobello eller andra gourmetsvampar, tunt skivade
- 2 koppar varmt vatten
- 1 kopp persilja
- 1/2 kopp olivolja
- 1/4 kopp tamari
- 1 stor avokado

a) Blanda svampen med olivoljan och tamari i en skål och låt stå i ca 1 timme, vänd då och då.

b) Vispa samman avokadon och hett vatten tills det är slätt, cirka 15 sekunder.

c) Lägg svampen i mixern med deras marinad och persilja och puré bara en eller två gånger. Ger ca 1,5 liter.

SALADER

57. Kål med tranbär

1 portion

Ingredienser:

- ½ litet kålhuvud
- 1 msk olivolja
- 2 tsk citronsaft
- ½ msk äppelcidervinäger
- ½ kopp (100 ml) tranbär, färska eller frysta och tinade
- ¼ kopp (50 ml) pumpafrön, blötlagda

Vägbeskrivning

a) Strimla kålen fint och lägg i en skål. Häll i olivolja, citronsaft och äppelcidervinäger.
b) Blanda med händerna tills kålen mjuknar. Tillsätt tranbären och pumpafröna och blanda.

58. Kryddig grönsakssallad

Ingredienser

- kryddig mix – hetta upp olja, tillsätt senapsfrön, när de poppar tillsätt spiskummin och sedan curryblad och asafoetida
- Salt och socker
- Citron/limejuice
- Färska korianderblad
- Färsk riven kokos

Vägbeskrivning

a) Skär färska grönsaker och ånga om det behövs.
b) Tillsätt eventuella andra ingredienser efter smak. Tillsätt den grundläggande kryddblandningen på slutet. (värm upp olja i en separat panna och tillsätt kryddorna, tillsätt sedan blandningen till grönsakerna)
c) Blanda ihop allt och servera.

59. Rödbetssallad

Ingredienser
- 1/2 dl kokta rödbetor – hackade
- 1 matsked vegetabilisk olja
- 1/4 matsked senapsfrön
- 1/4 matsked spiskummin
- Nyp gurkmeja
- 2 nypor asafoetida
- 4-5 curryblad
- Salt att smaka
- Socker efter smak
- Färska hackade korianderblad

Vägbeskrivning
a) Hetta upp olja och tillsätt sedan senapsfrön.
b) När de poppar tillsätt kummin, sedan gurkmeja, curryblad och asafoetida.
c) Tillsätt kryddblandningen till rödbetorna tillsammans med salt, socker och korianderblad efter smak.

60. Kål och granatäpple sallad

Ingredienser
- 1 dl vitkål – riven
- ½ granatäpple
- ¼ matsked senapsfrön
- ¼ matsked spiskummin
- 4-5 curryblad
- Nyp asafoetida
- 1 matsked olja
- Salt och socker efter smak
- Citronsaft efter smak
- Färska korianderblad

Vägbeskrivning
a) Ta bort kärnorna från granatäpplet.
b) Blanda granatäpple med kål.
c) Hetta upp olja i en panna och tillsätt senapsfröna. När de poppar tillsätt kumminfrön, curryblad och asafoetida. Tillsätt kryddblandningen i kålen.
d) Tillsätt socker, salt och citronsaft efter smak. Blanda väl.
e) Garnera med koriander om så önskas.

61. Morot och granatäpple sallad

Ingredienser

- 2 morötter – rivna
- ½ granatäpple
- ¼ matsked senapsfrön
- ¼ matsked spiskummin
- 4-5 curryblad
- Nyp asafoetida
- 1 matsked olja
- Salt och socker efter smak
- Citronsaft - efter smak
- Färska korianderblad

Vägbeskrivning

a) Ta bort kärnorna från granatäpplet.
b) Blanda granatäpple med morot.
c) Hetta upp olja i en panna och tillsätt senapsfröna. När de poppar tillsätt kumminfrön, curryblad och asafoetida. Tillsätt kryddblandningen till moroten.
d) Tillsätt socker, salt och citronsaft efter smak. Blanda väl.
e) Garnera med koriander om så önskas.

62. Gurksallad

Ingredienser

- 2 gurkor – skalade och hackade
- Socker och salt efter smak
- 2 -3 msk rostad mandelpulver – eller efter smak
- 1 matsked olja
- 1/8 matsked senapsfrön
- 1/8 matsked spiskummin
- Nyp asafoetida
- 4-5 curryblad
- Citronsaft - efter smak

Vägbeskrivning

a) Hetta upp oljan i en panna. Tillsätt senapsfröna. När de poppar tillsätt kumminfrön, asafoetida och currybladen.
b) Tillsätt kryddblandningen till gurkorna.
c) Tillsätt salt, socker och citron efter smak.
d) Tillsätt mandelpulvret och blanda väl.

63. Baksmälla Helper Sallad

Ingredienser:

- 3 koppar hackade gröna
- ¼ glödlampa fänkål, tunt skivad
- ½ kopp hackade kokta broccolibuketter
- ½ dl hackade rödbetor
- 1 till 2 matskedar extra virgin olivolja
- Saften av ½ citron

Vägbeskrivning

a) Blanda gröna, fänkål, broccoli och rödbetor i en stor skål.
b) Blanda med olivolja och citronsaft.

64. Pasta Toss

Ingredienser:

- 1 (16-ounce) paket pasta efter eget val
- 1 msk extra virgin olivolja
- 2 vitlöksklyftor, hackade
- 1 (14-ounce) kan kronärtskocka hjärtan, avrunna och hackade
- Nymalen svartpeppar, efter smak

Vägbeskrivning

a) Koka upp en stor kastrull med vatten. Tillsätt pastan och koka enligt förpackningens anvisningar.
b) Medan pastan kokar, värm olja i en stor stekpanna på medelvärme. Tillsätt vitlök och värm i 1 minut. Tillsätt kronärtskockor och koka tills de är mjuka, cirka 7 minuter.
c) När pastan är kokt, låt rinna av och tillsätt den direkt i kastrullen. Blanda med grönsaker och smaka av med svartpeppar om så önskas.

65. Lycka sallad

Ingredienser:

- 2 dl babyspenat
- ½ avokado, tärnad
- 1 kopp rödbetor, tärnade
- ¼ kopp hasselnötter
- 2 matskedar extra virgin olivolja
- 1 msk balsamvinäger

Vägbeskrivning

a) Lägg spenat, avokado, rödbetor och hasselnötter i en skål. Klä med olja och vinäger.
b) Kasta och njut.

66. Daikon Rädissallad

Ingredienser
- 2 rädisor
- 3 msk rostad chana dal
- Citron efter smak
- 1/2 msk spiskumminfröpulver
- Socker efter smak
- Färska korianderblad
- Salt att smaka

Vägbeskrivning
a) Riv rädisa fint, inklusive de gröna topparna.
b) Tillsätt alla ingredienser och blanda väl.
c) Garnera med koriander.

67. Rå pumpasallad

Ingredienser

- 1 dl riven pumpa
- ¼ matsked senapsfrön
- ¼ matsked spiskummin
- 4-5 curryblad
- Nyp asafoetida
- 1 matsked olja
- Salt och socker efter smak
- Färska korianderblad

Vägbeskrivning

a) Hetta upp olja i en panna och tillsätt senapsfröna. När de poppar tillsätt kumminfrön, curryblad och asafoetida.
b) Tillsätt kryddblandningen till den rivna pumpan.
c) Tillsätt socker, salt efter smak.

68. Rödkål Grapefruktsallad

Portioner: 4

Ingredienser:

- 4 koppar tunt skivad rödkål
- 2 koppar segmenterad grapefrukt
- 3 msk torkade tranbär
- 2 matskedar pumpafrön

Vägbeskrivning

a) Lägg salladsingredienserna i en stor mixerskål och blanda.

69. Söt rödkålssallad

Ger 4 portioner.

Ingredienser:

- 4 dl rödkål, strimlad
- 1 dl äpplen, tunt skivade
- 1 dl morötter, rivna eller rivna
- 1/2 dl vårlök, tunt skivad
- 1/4 kopp russin eller vinbär
- 3 tsk olivolja
- 2 tsk honung eller agave
- 1 tsk vinäger, vindruvor eller äppelcider
- 1 nypa salt
- Peppar, nymalen efter smak

Vägbeskrivning

a) Blanda alla ingredienser i en skål och låt marinera i rumstemperatur i 2 timmar, rör om ofta.

b) Alternativt blanda allt och låt marinera i kylen över natten.

70. Thai Som Thum sallad

Ger 4-6 portioner.

Ingredienser:

- 1 tsk färsk chili, tunt skivad
- 1 tsk färsk ingefära, hackad
- 1 tsk färsk vitlök, hackad
- 1 tsk lime eller citronskal
- 3 tsk lime- eller citronsaft
- 1 tsk olja, lätt sesam eller macadamianöt
- 1 kopp papaya, spån
- 1/4 tsk salt
- 1 dl gurka, finhackad
- 1 dl daikonrädisa, finhackad
- 1 kopp färsk koriander, grovt hackad

Vägbeskrivning

a) Blanda allt utom papayan och låt marinera ca 10 minuter.

b) Precis innan servering, tillsätt papayaspånen och vänd mycket försiktigt.

71. Krämig pumpafrön och fänkålssallad

Gör 2 portioner.

Ingredienser:

- 1 dl fänkålslök och stjälk, tunt skivad
- 1 dl selleri, tunt skivad
- 1 kopp pumpafrön
- 1 kopp vatten
- 1/4 kopp citronsaft
- 2 möten
- 1/4 tsk svartpeppar
- 1/2 tsk salt

Vägbeskrivning

a) Lägg fänkål och selleri i en skål och ställ åt sidan.

b) Vispa resterande ingredienser till en jämn smet, cirka 30 sekunder.

c) Häll över fänkål och selleri, se till att allt är täckt.

d) Tillägg: strö frön som pumpa-, solros-, sesam- eller hampafrön ovanpå.

72. Babytomat, rödlök och fänkålssallad

Ger 2-4 portioner.

Ingredienser:

- 1 hel fänkål, glödlampa och löv
- 2 dl babytomater
- 1/2 kopp rödlök
- 1/4 kopp olivolja
- 1 tsk örtsalt

Vägbeskrivning

a) Skiva fänkål och rödlök tunt.

b) Skär tomaterna i 2-3 bitar.

c) Kasta ihop allt.

d) Servera på en lövbädd eller bara som den är.

EFTERRÄTT

73. Mjuka ostrullar

Gör 2 rullar.

Ingredienser

- 2 dl macadamianötter
- 1/3 kopp vatten
- 2 tsk citronsaft
- 1/2 tsk salt

Vägbeskrivning

a) Lägg alla ingredienser i mixern och använd tampern för att trycka in blandningen ordentligt i bladen och mixa på hög tills den är slät, cirka 1 minut.

b) Ställ i kylen i cirka 2 timmar för att blandningen ska stelna.

c) Förbered beläggningen innan du tar bort blandningen från kylen.

d) Hacka din beläggning Ingredienser så fint som möjligt och sprid ut dem på en bräda.

e) Dela blandningen i 2 och forma grovt till rullar.

f) Rulla dem i beläggningen och servera.

g) Förvara i kylen i 2-3 dagar.

74. Mini morotskakor med apelsin

Gör 12-14 små kakor.

Ingredienser

- 1 dl daddelsylt - 50/50 urkärnade dadlar och
- 1 kopp apelsinjuice
- 1/2 kopp vatten
- 3 tsk kokosolja
- 2 tsk agave eller honung
- 1/2 tsk vaniljpulver
- 1/2 kopp russin
- 1 tsk ingefära, färskpressad eller finhackad eller pulveriserad
- 2 tsk kryddblandning
- 1 tsk apelsinskal
- 1 tsk muskotnöt
- 1 tesked salt

Glasyr:

- 1/4 tsk salt

- 1/2 kopp cashewnötter

Vägbeskrivning

a) Krossa mandeln i en matberedare med S-bladet eller i en tung plastpåse med en kavel.

b) Blanda alla kakans ingredienser i en stor skål.

c) Mät upp 1/3 dl portioner på fasta bakplåtar och forma dem till individuella rundlar, ca 10 mm tjocka.

d) Torka i ca. 6 timmar, lossa från de fasta plattorna och torka i ytterligare 2 timmar.

e) 1Tårtan är klar när den är krispig på utsidan och fuktig på insidan.

f) 1Rena alla ingredienser till glasyren i en snabbmixer och fördela över kakorna. Du kan låta kakorna stelna i kylen några timmar.

g) Garnera med rivna morotsremsor och riven muskotnöt.

h) Kan förvaras i kylen i 2 dagar utan glasyr.

75. Mini lime tårtor

Gör ca 14 tarteletter.

Ingredienser

skorpor:

- 2 dl frön och/eller nötter
- 1/2 kopp citronsaft
- 1/2 kopp dadlar, urkärnade och hackade
- 1/2 kopp honung
- 1/2 kopp kokosolja
- 1 tsk vaniljpulver
- 1/2 kopp kakaosmör
- 1 nypa salt

Fyllning:

- 4 avokado

Vägbeskrivning

Skorpor:

a) Smält kakaosmöret i vattenbad.

b) Bearbeta fröna och/eller nötterna till grovt mjöl i matberedaren med S-bladet.

c) Blanda alla skorpingredienser och tryck ut i flexibla silikonformar.

d) Kyl tills det är fast och vänd sedan ut ur formarna.

Fyllning:

e) Vispa ihop alla ingredienser till fyllningen tills den är slät, ca 5 minuter.

f) Häll fyllningen i varje liten kopp och avsluta med en strut.

g) Ställ i kylen i 6 timmar.

h) Servera från kylen.

76. Mini kakao mousse kakor

Ingredienser

Skorpa:

- 2 dl frön och/eller nötter
- 1/2 kopp dadlar, urkärnade och hackade
- 1/4 kopp kokosolja, smält
- 1 nypa salt

mousse:

- 6-10 avokado
- 1 1/4 kopp kakaopulver
- 1 1/4 kopp honung eller agave
- 2 droppar eterisk pepparmyntaolja

Vägbeskrivning

Skorpa:

a) Finförädla fröna och/eller nötterna i en matberedare utrustad med S-bladet. Att hacka för hand är också möjligt!

b) Blanda alla ingredienserna till skorpan i en bunke och knåda tills det blir kladdigt och degigt.

c) Tryck ut i en springform, täck botten jämnt.

mousse:

a) Lägg alla mousseingredienser i din matberedare utrustad med ett S-blad och bearbeta i cirka fem minuter.

b) Se till att allt är väl kombinerat och silkeslent.

c) Häll moussen i formen och ställ i kylen i 8 timmar.

d) Håller sig bra i kylen några dagar.

77. Chokladkola

Gör ca 40 stycken.

Ingredienser

- 1 kopp dadlar, urkärnade
- 1 kopp kokosolja
- 1/2 kopp vatten
- 1/2 kopp kakaopulver
- 1 tsk vaniljpulver
- 1 nypa salt

Vägbeskrivning

a) Täck dadlarna med vatten och låt dem mjukna – använd varmt vatten för att påskynda processen.

b) Lägg allt tillsammans i en matberedare och bearbeta med S-bladet tills det är slätt och blandat. Detta tar upp till 20 minuter och är väl värt tiden.

c) Häll upp i en grund skål och låt stelna i kylen.

d) Skär i rutor efter ca 3-4 timmar.

e) Förvara dem i en lufttät burk i kylen.

78. Rå choklad avokadopudding

Utbyte: För 2 personer

Ingredienser

Choklad Avokado Pudding Bas

- 1 stor avokado (eller 2 små), skal och frön borttagna
- 1 mogen banan, skalad
- 3-4 matskedar kakaopulver
- 3-4 matskedar ren lönnsirap, kokosnektar eller dadelsirap
- 1 tsk vaniljextrakt
- 1/4 tsk kanel, valfritt

smakkombination

- 1/2 dl färskpressad apelsinjuice, + mer efter behov
- 1 tsk eller så apelsinzest, valfritt

Vägbeskrivning

a) I en mixer, kombinera ingredienserna till baspuddingen (tillsammans med någon av smakkombinationerna) och puré tills krämigt, sluta skrapa ner sidorna efter behov.

b) Tillsätt några matskedar vatten efter behov för att uppnå önskad konsistens. Jag brukar använda 1/2 kopp vatten om jag inte gör apelsinsmak. Smaka av smaken och justera därefter.

c) Pudding kan serveras i rumstemperatur, men jag tycker den är godast kyld i kylen några timmar.

d) Servera: Garnera med en klick vispad kokosgrädde och riven mörk choklad, kakaonibs eller johannesbrödchips.

SMOOTHIES

79. Grön smoothie

Ger 4 koppar

Ingredienser

- 2 koppar hackade grönsaker, såsom romansallad, grönkål eller collard

- 2 koppar frukt, såsom skivad banan, tärnad mango eller blåbär

- 2 koppar filtrerat vatten, efter önskemål

Vägbeskrivning

a) Lägg alla ingredienser i en högeffektsmixer och mixa tills det är slätt.

b) Kan förvaras i kylen upp till 1 dag, men avnjuts bäst direkt.

80. Ananas Mint Smoothie

Serverar 2

Ingredienser:

- 3 koppar färsk ananas, tärnad
- 1/4 kopp färska myntablad, löst packade
- 1/2 kopp kallt vatten

Vägbeskrivning

a) Blanda alla ingredienser i en mixer.

b) Blanda tills det är slätt.

c) Tillsätt lite mer vatten om din mixer kräver det.

d) Njut omedelbart.

81. Cherry Coconut Smoothie

Portioner: 2

Ingredienser

- 2 koppar frysta urkärnade körsbär
- 1 dl kokosvatten
- 1 msk färsk limejuice

Vägbeskrivning

a) Lägg alla ingredienser i en mixer och mixa tills det är slätt.

b) Tjäna

82. Mango nöt yoghurt smoothie

Portioner: 1

Ingredienser

- 1 mogen mango
- 2 msk nötyoghurt
- 1/4 tsk kanel

Vägbeskrivning

a) Ställ mangon i frysen i 30 minuter för att svalna. Om du har bråttom kan du hoppa över detta steg och lägga till 2 isbitar i smoothien istället.

b) Ta bort skalet på mangon med en grönsaksskalare,

c) Skär mangon i medelstora bitar, reservera cirka 1 tsk mango för att använda senare för att garnera smoothien.

d) Placera mango, nötyoghurt och 1/4 tsk kanel i en mixer.

e) Mixa på hög i 2-3 minuter eller tills blandningen är krämig.

f) Häll upp i en mugg, toppa med den inverterade mangon och strö lätt över kanel.

83. Tropisk mandarin smoothie

Ingredienser:

- 2 mandariner skalade och segmenterade
- 1/2 kopp ananas
- 1 fryst banan

Vägbeskrivning

a) Blanda med 1/2 till 1 kopp vätska.

b) Njut av

84. PB och Strawberry Smoothie

Ingredienser:

- 1 dl frysta jordgubbar
- 1 stor banan skivad
- 1-2 msk rått jordnötssmör

Vägbeskrivning

a) Blanda med 1/2 till 1 kopp vätska.

85. Morot Mango Kokos

Ingredienser:

- 1 stor riven morot
- 1 dl fryst mango
- 1-2 msk osötad kokos, riven

Vägbeskrivning

a) Blanda med 1/2 till 1 kopp vätska.

b) Njut av

86. Ingefära Pina Colada

Ingredienser:

- 2 koppar fryst ananas
- 1 lime skalad och skivad
- 1/2-tums bit ingefära, tunt skivad

Vägbeskrivning

a) Blanda med 1/2 till 1 kopp vätska.

b) Njut av

87. Körsbärsblåbärskål

Ingredienser:

- 1 dl grönkål
- 1 kopp körsbär
- 1/2 dl blåbär

Vägbeskrivning

a) Blanda med 1/2 till 1 kopp vätska.

b) Njut av

88. Hallon Banan Chia

Ingredienser:

- 1 1/2 kopp frysta hallon
- 1 stor banan skivad
- 1 msk chiafrön

Vägbeskrivning

a) Blanda med 1/2 till 1 kopp vätska.

b) Njut av

89. Goji, mango och baobab smoothie bowl

Ger 3 koppar.

Ingredienser:

- 2 koppar vatten
- 1 mango
- 1/4 kopp gojibär eller annat bär
- 5 dadlar, urkärnade och blötlagda
- 2 teskedar baobabpulver

Vägbeskrivning

e) Mixa allt på hög nivå i cirka 30 sekunder i en snabbmixer eller 60 sekunder i en vanlig mixer.

90. Yogate utan koffein

Ingredienser:

- 10 uns vatten (ca 1 1/3 koppar)
- 3 hela nejlikor
- 4 hela gröna kardemummaskidor, spruckna
- 4 hela svartpeppar
- ½ kanelstång
- ¼ tesked kamomillte
- ½ dl mandelmjölk
- 2 skivor färsk ingefära

Vägbeskrivning:

a) Koka upp vatten och tillsätt kryddor.
b) Täck och koka 15 till 20 minuter, tillsätt sedan kamomillte.
c) Låt sitta i några minuter, tillsätt sedan mandelmjölken och koka upp igen. Låt det inte koka över.
d) När det kokar, ta omedelbart bort från värmen, sila och söta med honung, om så önskas.

91. Kronärtskocka vatten

Ingredienser:

- 2 kronärtskockor

Vägbeskrivning

a) Skär bort stjälkarna från kronärtskockorna och skär bort den översta centimetern från bladen.
b) Fyll en stor gryta med vatten och låt koka upp. Tillsätt kronärtskockor och låt koka i 30 minuter, eller tills du lätt kan dra av de nedersta bladen på kronärtskockan.
c) Ta bort kronärtskockor och spara till ett mellanmål.
d) Låt vattnet svalna och drick sedan en kopp av det.
e) Detta kommer att hjälpa din lever att avgifta sig själv och hela din kropp.

92. Jungfru Maria

Ingredienser

- 3 uns tomatjuice
- 1/2-ounce citronsaft
- 1 skv. Worcestershiresås
- 1 tsk sellerisalt
- Nymalen svartpeppar
- 2 skvätt varm sås
- 1 stjälk selleri, till garnering
- 1 pickle spjut, till garnering

Vägbeskrivning

a) Häll upp tomatjuice och citronsaft i ett glas fyllt med isbitar.
b) Blanda väl.
c) Tillsätt Worcestershiresås, salt, peppar och varm sås efter smak.
d) Garnera med selleristjälken eller saltgurka om du använder den. Servera och njut!

93. Naturligt vitaminvatten

Serverar 4

Ingredienser
- Fyra koppar kall kokos eller mineralvatten
- 1 citron
- en näve myntablad
- skiva färsk ingefära rot
- 1 liten gurka
- näve frysta hallon
- näve frysta blåbär
- valfritt: 1 matsked äppelcidervinäger

Vägbeskrivning
a) Häll vattnet eller kokosvattnet i en kanna och tillsätt citron, gurka, myntablad och bär.
b) Tillsätt en skvätt äppelcidervinäger om du är modig. Låt sedan vattnet sitta i cirka trettio minuter så att smakerna kan tränga in i det.
c) Njut för en glad baksmälla!

94. Ananas detox tonic i glas

Ingredienser

- 12 uns rått kokosvatten
- 1/2 kopp filtrerat vatten
- 1 grönt äpple (urkärnat och hackat)
- 1 kopp färska ananasbitar
- Saft av 1 lime
- Saften av 1 citron
- 1/4 kopp färska myntablad
- 2 gröna äpplen (i fjärdedelar)
- 3 dl färska ananasbitar
- 1 kopp färska myntablad
- 1 lime (skalad och halverad)
- 1 citron (skalad och halverad)
- 12 uns rått kokosvatten
- 1/2 kopp filtrerat vatten (valfritt)

Vägbeskrivning

a) Häll kokosvattnet och det filtrerade vattnet i burken på en mixer och lägg resten av ingredienserna ovanpå.
b) Mixa på hög hastighet tills mycket slät. Drycken kan silas i en nötmjölkspåse eller sil om du inte gillar fruktkött, men vi älskar denna drink som är färsk ur mixern.
c) Denna juice håller i 24 timmar i kylskåpet.

95. Ingefärste

Utbyte: 1 kopp

Ingredienser

- 1-tums bit färsk ingefära (du behöver inte skala), skivad i bitar som inte är bredare än ¼-tum
- 1 kopp vatten
- Valfria smakämnen (välj bara en): 1 kanelstång, 1-tums bit färsk gurkmeja (skuren i tunna skivor, samma som ingefära) eller flera kvistar färsk mynta
- Valfria tillägg: 1 tunn omgång färsk citron eller apelsin, och/eller 1 tsk honung eller lönnsirap, efter smak

Vägbeskrivning

a) Blanda den skivade ingefäran och vattnet i en kastrull på hög värme. Om du lägger till en kanelstång, färsk gurkmeja eller färsk mynta, tillsätt det nu.

b) Låt blandningen sjuda och sänk sedan värmen efter behov för att bibehålla en mjuk sjuda i 5 minuter (för extra stark ingefärasmak, låt sjuda i upp till 10 minuter).

c) Ta bort grytan från värmen. Häll försiktigt blandningen genom en nätsikt i en värmesäker vätskemätkopp, eller direkt i en mugg.

d) Om så önskas, servera med en citronskal och/eller en klick honung eller lönnsirap, efter smak. Servera varm.

96. Blåbär och spenat Smoothie

Portioner 14

Ingredienser

- 3 msk gammaldags havre
- 1 dl färsk spenat
- 1 dl frysta blåbär
- 1/3 kopp vanlig grekisk yoghurt
- ¾ kopp mjölk (vilken typ du än föredrar)
- 1/8 tsk kanel (valfritt)

Vägbeskrivning

a) Lägg alla ingredienser i en mixer och mixa tills det är slätt.
b) Servera omedelbart.

97. Grön smoothie med fikon

1 portion

Ingredienser:

- 2,5 uns (70 g) babyspenat
- 1½-2 koppar (300-500 ml) vatten
- 1 päron
- 2 fikon, blötlagda

Vägbeskrivning

a) Blanda spenat med 1½ koppar (300 ml) vatten.
b) Skär päronet, lägg till tillsammans med fikonen och blanda igen.
c) Tillsätt mer vatten om det behövs för att hitta rätt konsistens för din smoothie.

98. Kiwi frukost

1 portion

Ingredienser:

- 1 päron
- 2 stjälkar selleri
- gula kiwifrukter
- 1 matsked vatten
- ½ tesked mald ingefära

Vägbeskrivning

a) Skär päron, selleri och en av kiwin i stora bitar och blanda i mixern med 1 msk vatten tills det är en slät konsistens.
b) Toppa med den andra kiwin, skuren i bitar och mald ingefära.

99. Zucchini-, päron- och äppelskål

1 portion

Ingredienser:

- ½ zucchini
- 1 päron
- 1 äpple
- valfritt: kanel och malen ingefära

Vägbeskrivning

a) Skär zucchini och päron i stora bitar och mixa i matberedaren.
b) Tillsätt äpplet, skär i stora bitar och fortsätt mixa till en slät konsistens.
c) Servera i en skål och strö över kanel och ingefära.

100. Avokado och bär

Ingredienser:

- 1 avokado
- 1 päron
- $3\frac{1}{2}$ uns (100 g) blåbär

Vägbeskrivning

a) Skär avokadon och päron i bitar.
b) Blanda ihop i en skål och toppa med blåbär.

SLUTSATS

Vi älskar alla en fest, och det är bra, men om du är tvungen att slå en baksmälla kan det vara dags att sakta ner drickandet, eller till och med sluta. Men de här recepten kommer i alla fall att finnas här för dig, för att bota den där baksmällan!

www.ingramcontent.com/pod-product-compliance
Lightning Source LLC
Chambersburg PA
CBHW050020130526
44590CB00042B/1101